El ladrón
de mis recuerdos

Alma Márquez

El ladrón de mis recuerdos

©Texto: Alma Márquez
©Ilustraciones: Julietnys Rodriguez, 2024
Diseño y colaboración: Karin Galvis

Primera edición, Febrero de 2024

@elcaminodediego

Dedicatoria

A Dios: Por su infinita bondad, por guiar mi camino y darme la fuerza para salir adelante aún en los momentos más difíciles. Te pido que bendigas a todos los niños que sufren del síndrome de Sanfilippo y a sus familias.

A mis hijos: Diego, mi pequeño gran maestro, fuente de inspiración y la razón por la que escribo este cuento. Tu sonrisa radiante, tu espíritu indomable y tu amor por la vida me enseñan a diario el verdadero significado de la fuerza y la esperanza. A pesar de los obstáculos que la enfermedad te ha presentado, sigues iluminando nuestro mundo con tu luz y tu alegría. Este cuento es un homenaje a tu valentía, a tu capacidad de asombro y a tu incansable lucha por vivir cada día al máximo.

Miranda: mi querida hija, mi arcoiris de dulzura. Gracias por ser el pilar fundamental en la vida de Diego y por brindarle un amor incondicional que llena su mundo de alegría y apoyo. Tu paciencia, tu ternura y tu capacidad para convertir cualquier momento en una aventura son un regalo invaluable para él. Este cuento también es para ti, por tu valentía al enfrentar los desafíos junto a nosotros, por tu constante apoyo y por ser un faro de esperanza en nuestras vidas.

A mi familia: Por su apoyo incondicional, su amor y su constante presencia en mi vida.

Negrita: Gracias por ser luz, calma y sabiduría.

A la comunidad que nos ha acompañado durante años, que nos ha visto crecer, que se alegran por nuestro éxito y que nos ha llenado de aliento y oraciones en los momentos más difíciles.

Este cuento es para ustedes.

Con amor,

Alma

¡Hola! Soy Diego. Soy un niño como todos, inquieto y juguetón, soy muy feliz y cariñoso.

¡Me encanta cantar!

Es lo que más amo hacer en el mundo, al igual que correr y saltar, pero desde hace algún tiempo ya no puedo hacerlo.

Todo empezó cuando era muy pequeño, comencé a olvidar algunas cosas.

Al principio mamá pensaba que era normal porque a ella también le pasaba, perdía sus anteojos o su móvil y luego los encontraba.

Con el tiempo dejé de recordar muchas cosas como los nombres de mis superhéroes favoritos, los de mis amigos y hasta como correr y trepar.

Me costaba mucho recordar mis canciones
favoritas, solo me salían silabas extrañas
que casi nadie entendía, aunque mi corazón
aun cantaba con alegría.

El día mas difícil fue
cuando ya no pude hablar.

Mamá me llevó con un doctor

y con otro

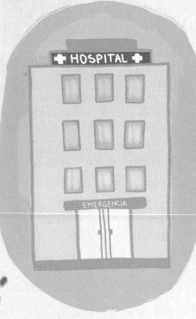

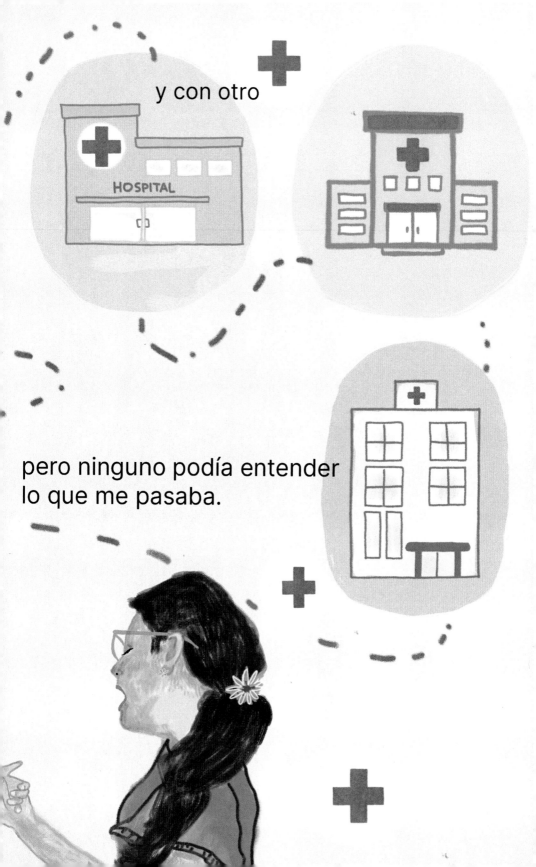

A veces parecía que era algo en mi cabeza, otras veces en mis huesos o en mi sangre, parecía estar en todas partes y en ninguna al mismo tiempo.

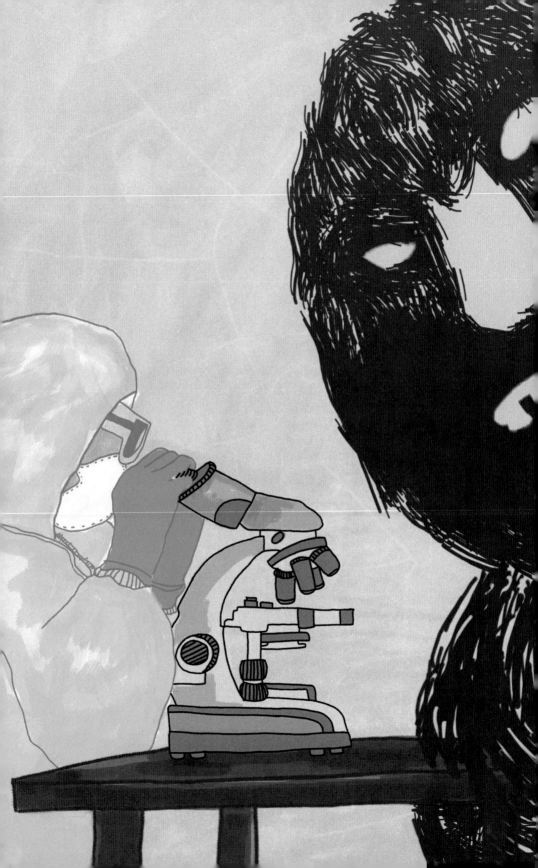

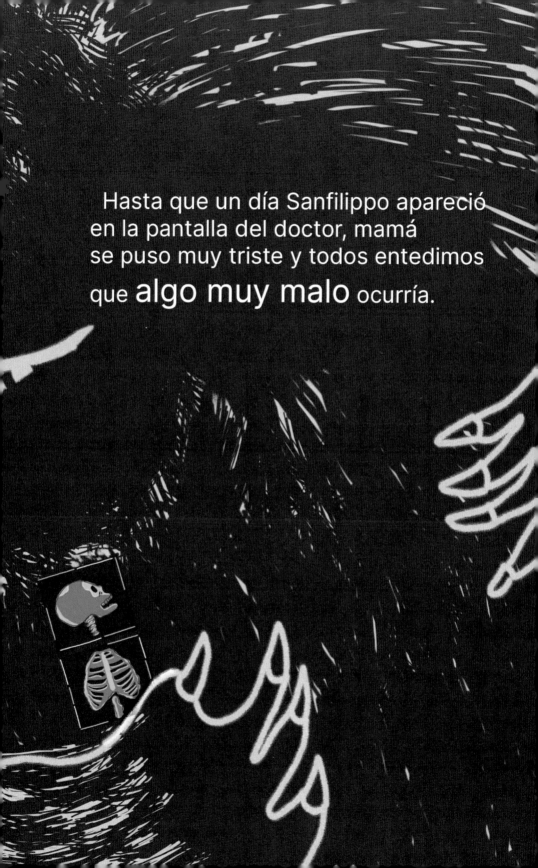

Hasta que un día Sanfilippo apareció
en la pantalla del doctor, mamá
se puso muy triste y todos entedimos
que **algo muy malo** ocurría.

Ni lo médicos ni mamá sabían como ayudarme, ninguna medicina podía devolverme aquello que Sanfilippo me había robado.

Pero mamá, que es muy valiente,
como todas las mamás, recordó que tenía
el arma más poderosa: EL AMOR.

Y mientras me hablaba y me cantaba ella no paraba de estudiar y aprender sobre Sanfilippo.

Mamá sabía que el amor era importante,
pero también sabía que necesitaba
encontrar algo más para ayudarme.

Buscó y buscó, y desde entonces comenzó el viaje, mi camino, el camino de Diego.

Fue así como descubrió un mundo lleno de criaturas mágicas y maravillosas y me llevó a conocerlas.

Ellos susurraron muy cerca de mí y algunos días más tarde, después de una de tantas visitas, ocurrió un milagro.

Tras un largo silencio pude volver a decir
la palabra más hermosa del mundo
y que nunca olvidaré.

Los delfines me contaron un secreto, nadie
sabe cual fue, dicen que ellos hablan
un lenguaje muy especial: el del corazón.

Y aunque yo no puedo recordarlo,
ese secreto me hizo encontrar el camino
por el que a veces regreso y vuelvo a decir

¡Mamá!

Queridos padres:

Me complace presentarles mi cuento infantil, "El ladrón de mis recuerdos". Esta historia nació de la experiencia personal con mi hijo, quien padece esta enfermedad también conocida como Alzheimer infantil.

El objetivo de este cuento es brindarles una herramienta a los niños para comprender el síndrome de Sanfilippo de una manera sencilla, amable y cercana.

A través de la historia de un niño Llamado Diego, los pequeños lectores podrán aprender sobre los síntomas, las dificultades y las alegrías que viven los niños con esta condición.

¿Por qué es importante hablar del síndrome de Sanfilippo con los niños?

La educación es fundamental para combatir cualquier enfermedad, al hablar del síndrome de Sanfilippo con los niños, podemos generar conciencia y empatía: Ayudar a los niños a comprender que el síndrome de Sanfilippo no es una enfermedad contagiosa ni un motivo para la discriminación.

Promover la inclusión: Fomentar la aceptación y el respeto hacia los niños con esta condición, creando espacios donde se sientan bienvenidos y valorados.

Despertar la curiosidad científica: Incentivar a las nuevas generaciones a interesarse por la investigación y la búsqueda de una cura para el síndrome de Sanfilippo.

¿Qué podrán encontrar en el cuento?

Una historia relatable:

Los niños podrán identificarse con las emociones y experiencias de Diego, el protagonista del cuento.

Información precisa y accesible: El cuento explica los aspectos básicos del síndrome de Sanfilippo de una manera sencilla y comprensible para los niños.

Ilustraciones coloridas y atractivas: Las imágenes acompañan la historia y ayudan a los niños a visualizar los conceptos.

Un mensaje de esperanza: El cuento destaca la importancia de la familia, la amistad y los desafíos que se enfrenta teniendo presente que cada dia es una victoria.

¿Cómo pueden utilizar este cuento con sus hijos?

Leerlo juntos: Dedique un tiempo a leerlo con sus hijos y conversar sobre las emociones que les despierta la historia.

Responder a sus preguntas: Responda las preguntas de sus hijos con honestidad y utilizando un lenguaje adecuado a su edad

Compartir sus propias experiencias: Si tienen un familiar o amigo con síndrome de Sanfilippo, compartan sus experiencias con sus hijos para que puedan comprender mejor la enfermedad.

Utilizar el cuento como herramienta de aprendizaje: Utilicen el cuento como punto de partida para realizar actividades que fomenten la empatía, la inclusión y la investigación.

Este cuento es un pequeño paso en la lucha contra el síndrome de Sanfilippo. Espero que sea una herramienta útil para hablar con sus hijos sobre esta enfermedad y contribuir a un futuro más esperanzador, comprensivo e inclusivo para todos.

Para más información sobre el síndrome de Sanfilippo y el cuento pueden visitar:
Redes sociales: @elcaminodediego

¡Muchas gracias por su interés!

Alma Márquez, autora.

Made in United States
Orlando, FL
03 September 2024

51070507R10018